Made in the USA
Coppell, TX
21 December 2019

13498167R00069